Anton Friedrich Busching

Lebensbeschreibung des Herrn Sigismund Streit

Anton Friedrich Busching

Lebensbeschreibung des Herrn Sigismund Streit

ISBN/EAN: 9783743374584

Hergestellt in Europa, USA, Kanada, Australien, Japan

Cover: Foto ©ninafisch / pixelio.de

Manufactured and distributed by brebook publishing software (www.brebook.com)

Anton Friedrich Busching

Lebensbeschreibung des Herrn Sigismund Streit

Lebensbeschreibung
des
Herrn
Sigißmund Streit,
vornehmen Kaufmanns zu Venedig,
und
größten Wohlthäters des Gymnasii zum
grauen Kloster in seiner Geburtsstadt Berlin,
beschrieben
von
D. Anton Friedrich Büsching,
Oberconsistorialrath, Director des vereinigten berlinischen
und cöllnischen Gymnasii im grauen Kloster zu Berlin.

Berlin,
bey C. J. A. Wangens Wittwe.
1776.

Vorrede.

Diese Lebensbeschreibung, ist vor einigen Wochen in einer Einladungs-Schrift zu der öffentlichen Prüfung der Gymnasiasten und Schüler des grayen Klosters und der cöllnischen Schule, ans Licht getreten. Es haben aber nicht alle welche dieselbige zu erlangen gewünscht, befriediget werden können, es ist auch zu vermuthen, daß noch mehrere die Geschichte und Stiftungen dieses denk-

Vorrede.

würdigen Mannes kennen zu lernen wünschen werden: und das hat mich veranlaßet, die Lebensbeschreibung nicht nur noch einmahl und besonders drucken zu lassen, sondern auch durch nützliche Zusätze zu erweitern. Berlin am 27sten April 1776.

Der Mann, deſſen Geſchichte ich entwerfe, iſt wegen verſchiedener Urſachen merkwürdig. Er hat ſich aus dem geringen Zuſtande ſeiner Eltern, durch Mühe, Arbeit und Vertrauen auf Gott, zu Anſehen und Vermögen empor geſchwungen, und beydes hat er ſich in einem entfernten fremden Lande erworben. Er iſt darauf bedacht geweſen, ſein erlangtes Vermögen auf die nützlichſte Weiſe anzulegen, und weil er mit Recht dafür gehalten, daß es am beſten einer öffentlichen Schulanſtalt gewidmet werde, ſo hat er es auch einer ſolchen wirklich zugewandt. Seines Vaterlandes hat er in der weiten Entfernung so wenig vergessen, daß er vielmehr aus Liebe zu demselben sein Vermögen dahin geschickt. Die Schule, in welcher er in seiner ersten Jugend unterrichtet worden, ist ihm noch im hohen Alter so lieb gewesen, daß er ihr dieses Vermögen vermacht hat, aber er hat ihr auch Hochachtung für den freyen Staat empfolen, in welchem er die ihr geschenkten Summen gewonnen.

Herr Sigismund Streit ist es, von dem ich rede. Er ward 1687 am 13ten April zu Berlin von seiner Mutter Eva Maria Meltzow, geboren. Seine Geburt versprach ihm keine Vorzüge in der Welt, denn sein Großvater war zu Spandau ein Schmidt gewesen, und sein Vater David Streit, war ein Bürger, Hufschmidt und Bierbrauer in Berlin. Dieser war zwar für einen Handwerksmann seiner Art, in einem ganz guten Zustande, welches daraus zu schließen, weil er, ungeachtet er verschiedene Kinder gehabt und erzogen, dennoch so viel hinterließ, daß von dem Erbtheil welches unser Streit nach seiner Eltern Tode 1715 nach Venedig geschickt bekam, funfzig Thaler Abzugsgeld erlegt wer=

werden musten, daher es in 500 Thälern bestanden haben wird: allein er konnte doch seinem Sohn Sigismund keine Erziehung geben, welche ihm Ansehn in der Welt verschaft hätte. Und doch wollte er einen Gelehrten aus ihm machen lassen. Es ist ein gemeiner Fehler der Handwerksleute, daß sie ihre Söhne gern studieren lassen, und ein Unglück, daß sie dieselben am meisten dem Predigtamt widmen, welches doch Leute von vorzüglichem Kopf und Geschmack, von edler Gesinnung, und von feinen Sitten erfordert, wenn es zur Ehre der Religion, und zum gemeinen Nutzen, wohl verwaltet werden soll. Sie sehen aber gemeiniglich nur auf ein gutes Gedächtniß, und wenn dieses auch nur mit einer kaum mittelmäßigen Fähigkeit zum denken und urtheilen verbunden ist, so sind die meisten Lehrer in Schulen und Kirchen sehr geneigt, die Eltern und Kinder aus dem Handwerksstande in ihrer Studierabsicht zu stärken. So gieng es auch mit unserm Sigismund Streit. Sein Vater schickte ihn in das Gymnasium des grauen Klosters, ich weiß nicht, in welchem Jahr es zuerst geschehen, finde aber in der Matrikel, daß er 1700 im

November zum zweytenmahl in dasselbige, und zwar in die zweyte Klasse eingeführet worden. Er selbst erzählet in einem Briefe, daß er, (von unten auf) durch alle Klassen, bis zur zweyten gegangen sey, ungeachtet er nicht zu der vierten fähig gewesen. Er klaget die damaligen Lehrer des grauen Klosters an, daß sie, durch die ihm angedichtete Fähigkeit zum Studiren, seinem Vater geschmeichelt, und diesen guten Mann, der es nicht beurtheilen können, gewiß überredet hätten, ihn auf eine Universität zu schicken, wenn derselbige nicht vor der Zeit gestorben wäre. Er selbst saget bey dieser Gelegenheit die große Wahrheit, daß es besser seyn würde, wenn die meisten Studirenden entweder ein Handwerk lerneten, oder dem Pfluge nachgiengen. Es gehöret in der That zu den sichtbarsten Mängeln des gemeinen Wesens, daß die Obrigkeiten nicht durch Einsichtsvolle Männer bestimmen lassen, wer studiren und nicht studiren soll? Streit war gewiß ein guter Kopf, aber kein Kopf für die Wissenschaften, auf welche auch seine eigene Wahl nicht fiel.

Als sein Vater gestorben war, folgte er seiner Neigung, entschloß sich ein Kaufmann

mann zu werden, und sein Glück außer seinem Vaterlande zu suchen. Dieser Entschluß war nicht leichtsinnig, denn er kennete sich schon in seiner ersten Jugend sehr gut. Er war von der Kindheit an etwas harthöhrig, sehr scorbutisch und schwach, und fürchtete, daß er sein Brod werde erbetteln müssen, ja auch dazu kaum fähig seyn. Doch er ermannete sich, und beschloß, entweder es zu etwas in der Welt zu bringen, oder zu sterben, denn zu seiner und seiner Familie Schande herum zu irren, war ihm ein unerträglicher Gedanke. Er gieng 1701 nach Altona an der Elbe, weil er daselbst einen Verwandten hatte, übete sich im Schreiben, Rechnen und Buchhalten, und übertrieb fast seine Kräfte. 1704 trat er als Lehrling in das Expeditionsgewerbe des Herrn Dirks, und nachgehends kam er eben daselbst zu Herrn Ettler. Von hier gieng er nach Leipzig, und von da zu Fuß nach Venedig. Diese Reise ward ihm sehr sauer. Bey Tage aß und trank er Brodt und Wasser, des Abends genoß er für anderthalb Groschen warme Speisen, und des Nachts schlief er auf einem Heuboden. Und ungeachtet dieser großen Sparsamkeit, muste er doch

doch, um der nothwendigsten Nahrung willen, seine silberne Schnallen, seinen Mantel und Degen, ja selbst seine Hemden, bis auf zwey Stücke nach, verkaufen. Aber, wer der Neigung die sein Kopf verursacht, ich will sagen, wer seinem natürlichen Beruf folget, läßt sich durch keine Schwierigkeit abschrecken. Streit kam gegen das Ende des 1709ten Jahrs glücklich nach Venedig, Gottes Vorsehung verschaffte ihm eine Condition, und er war einige Jahre lang Kaufmannsdiener in einer Schreibstube. Was er während dieser und in der folgenden Zeit ausübte, das fand er so nützlich, daß er es hinwieder andern anrieth. „Ein junger Mensch,„ sagt er in einem Briefe, „der Krämerey lernen will, findet dazu al=
„lenthalben Gelegenheit. Will er aber
„Handlung lernen, nehmlich in der Schreib=
„stube (Comptoir) eines Kaufmanns, so
„rathe ich nicht leicht, daß er sich zu einem
„Banquier begebe; denn dergleichen Ge=
„werbe dereinst selbst anzufangen, erfordert
„ein großes Kapital. Besser ist, sich wah=
„rer Handlung zu ergeben, insonderheit der
„Commißionshandlung, da man von seinen
„Freunden den Auftrag erhält, gewisse
„Waa=

„Waaren einzukaufen und zu verkaufen. „In solchem Geschäft lernet man alles, was „in der Handlung vorgehet, und man kann „für sich selbst dergleichen mit einer geringen „Summe anfangen. Hamburg, Amster„dam, und vornehmlich London, sind Städ„te, in welchen man etwas rechtschaffenes „lernen, und mit der Zeit sein Glück ma„chen kann. Hier haben sich viele geringe „Leute ein Vermögen erworben.„ Er selbst war nun zu Venedig, und sahe sich durch verschiedene Umstände genöthiget, 1715 selbst als Kaufmann etwas zu versuchen.

Der Versuch wurde gemacht, aber mit vielen Thränen. Er hatte weiter kein Vermögen in Händen, als die oben genannte geringe Summe seines Erbtheils. Daher arbeitete er beständig, und lebte äußerst sparsam. Es war kein Mensch vorhanden, den er auch nur um ein Darlehn von funfzig Thalern anzusprechen gewagt hätte. „Gott wollte,„ sagt er, „daß ich allein von „ihm abhangen sollte, und ich vertraute ihm.„ Dieser beschriebene Weg, den er betrat, war der sicherste, auf welchem er zu etwas zu gelangen hoffen durfte, und es ist ihm auch gelungen. Er hat klein angefangen, ist
nach)

nach und nach, immer weiter gekommen, hat niemals einen Thaler Zinsen bezahlt, sich jederzeit vor dem Wechsel=Schwindel gehütet, hingegen in Bezahlungen die Pünctlichkeit der grösten Häuser beobachtet, und dadurch Credit erlangt. Ein junger Mann, der sich durch tausend Schwierigkeiten durcharbeitet, ohne fremde Unterstützung fortkömmt, und etwas erwirbet, muß sich gefaßt halten, Neid und Haß zu erfahren. So gieng es auch unserm Streit, dessen Neidern es vortheilhaft war, daß er wegen seines schwachen Gehörs, wenig sprach. Es konnte ihn aber nichts muthlos machen, und jedermann mußte bekennen, daß er ein ehrlicher Mann sey, welches ihm schon genug war. Er litte manchen Verlust und Schaden, aber keiner stürzte ihn, denn er hatte immer so viel Ueberschuß, und gieng mit solcher Vorsichtigkeit und Klugheit zu Werke, daß ihn widrige Zufälle nicht unglücklich machen konnten. Er wagte auch nicht alles, was die vorkommende Gelegenheit darbot, und begnügte sich mit der anständigen Kaufmännischen Lebensart. Unterschiedene seiner Correspondenten, thaten ihm aus guter Meynung glänzende

zende Vorschläge, er widerstund aber dieser Versuchung, und war zufrieden, daß er sein Vermögen nach und nach etwas vermehrte. „Mein Beyspiel,„ saget er gelegentlich, „kann junge Leute überzeugen, daß „man in jeder Lebensart, der man sich wid„met, es zu etwas bringen kann, wenn man „nur Ehrfurcht vor Gott, und Vertrauen „zu demselbigen hat, den ersten Stein wohl „leget, seine Kunst gründlich erlernet, fleiß„sig nachdenket, sparsam und ehrliebend „lebet, nach und nach Stufenweise höher „steiget, und ungeachtet der nicht ermüden„den Arbeitsamkeit, sein Glück nicht zu über„treiben sucht.„ Weil er nicht für rathsam und nöthig fand, sich zu verheirathen, auch unter seinen Verwandten keinen fand, der auf eine vernünftige Weise die Familie in Aufnahme zu bringen Willen und Fähigkeit zeigte, so ergriff er, wie vorhin gesagt worden, nicht alle günstige Gelegenheiten zur Erwerbung eines großen Vermögens, sondern war mit einem mäßigen zufrieden.

Was eben von seinen Anverwandten gesagt worden, verdienet eine kurze Erläuterung. Als er 1724 eine weitläuftige

Reise

Reise durch Deutschland und Holland nach England unternahm, besuchte er auf derselben auch Berlin, um zu untersuchen, ob unter seinen Verwandten solche wären, für welche etwas zu erwerben der Mühe werth sey? Allein er fand unter ihnen keinen der zum Denken fähig und willig war, und er war doch der richtigen Meynung, daß nur solche Leute, welche ihre Köpfe anzustrengen, auch fleißig zu arbeiten, und sich und ihre Familien empor zu bringen willig sind, eine Unterstützung verdienen. Ob er sich nun gleich auch nachher viele Mühe gab, sie durch Briefe zu ermuntern und in Ordnung zu bringen, so waren doch solche Versuche vergeblich. Es schmerzte ihn gar sehr, daß unter seinen Verwandten kein einziger war, mit dem er in Briefen vernünftig reden konnte, weil keiner in seiner Jugend vernünftig zu denken und sich schriftlich gut auszudrücken, gelernet hatte. Er richtete aber doch sein Augenmerk insonderheit auf die Kinder seines verstorbenen Bruders Benjamin, weil dieser sich auch wie er, aus dem Vaterlande weg begeben, und etwas über den Stand des gemeinschaftlichen Vaters erhoben hatte, und ließ sich davon

nicht

nicht abhalten, daß derselbige es wagte, ihm gerade im Anfang seiner eigenen Handlungsgeschäfte, den dritten Theil seines kleinen Erbtheils zu entziehen. Er schenkte der einzigen Tochter desselben, zu ihrer Verheirathung in Hamburg, eine Mitgabe von 4000 Mark Banco, und einen Sohn desselben, der in Berlin Krämerey gelernet hatte, schickte er mit Empfehlung nach Hamburg, Amsterdam, London und Paris, unterhielt ihn daselbst auf seine Kosten, und ließ ihn hierauf zu sich nach Venedig kommen, in der Meynung, daß er ihm in seinem Alter zur Stütze dienen, zum Besitz seines Vermögens gelangen, und seinen Handel fortsetzen sollte. Aber auch dieser wurde und betrug sich nicht nach seinem Sinn, daher er sich von ihm loß machte, wiewohl er doch nachher bey seiner Hauptstiftung in Berlin noch zwey tausend Thaler nieder gelegt hat, deren Zinsen ihm auf Lebenslang zum nothdürftigen Unterhalt gereichen sollen.

Also fieng er an zu beschließen, daß er sein erworbenes Vermögen an fromme Stiftungen verwenden wolle, konnte aber lange nicht zu einem festen Entschluß kommen, ob er es an Kirchen, oder Schulen,

oder

oder Hospitäler, oder Armen-Cassen schencken solle? Ueberhaupt sahe er seinen Vorsatz als eine besondere Schickung Gottes an, und versicherte, daß ihn kein Hochmuth dabey leite, keine eitle Absicht sich ein Gedächtniß seines Namens zu stiften, sondern, wenn es möglich wäre, so wünsche er, daß eine seiner Hände nicht wissen mögte, was die andere thäte. Es ist freylich schwer zu verhüten, daß sich in die guten Absichten der Menschen keine Eitelkeit mischet, es schadet aber auch diese Mischung nicht, sondern stärket und vermehret die Triebfedern. Und so wie die göttliche Weisheit sich auch der Fehler der Menschen zu guten Absichten bedienet, also weiß sie auch den Schaden derselben zu vermindern und zu tilgen.

Herr Streit, der nunmehr bey sich festgesetzt hatte, frommen Anstalten aufzuhelfen, gedachte vorzüglich an sein Vaterland, an seine Geburtsstadt, und endlich an die Schule in welcher er als Knabe gelernet hatte. Er schrieb also am 29sten Jänner 1751 an den damaligen Rector des berlinischen Gymnasii Herrn Bodenburg, den jüngern, und entdeckte demselben etwas weniges von seinen Absichten. Mit diesem ersten Briefe

fängt

fängt nun eine große Reihe seiner Briefe an, welche bis auf das verwichene 1775ste Jahr fortgesetzt worden, und aus welchen ich die Materialien zu dieser Schrift, nicht ohne Mühe gesammlet habe. In dem genannten ersten Briefe, und in dem zweyten vom 16 April, saget er, er sey ein gebohrner Berliner, und habe das berlinische Gymnasium in seiner Jugend besucht. — Vor einem Jahr habe er seine allezeit mit Ehren geführte Handlung aufgegeben, und könne nun von dem, womit ihn Gott bey großer Mühe, Arbeit und Widerwärtigkeit gesegnet, in seinem angegangenen hohen Alter bequem leben, wenn es Gott gefallen werde, ihm das Erworbene bis an sein Ende zu lassen. Er glaube, es sey nun Zeit, im Ernst sein Haus zu bestellen, weil er schon im 64sten Jahr lebe. Hierzu habe er guten Rath nöthig, und deswegen wende er sich an den Herrn Rector. Er sey nicht willens, seine Verwandte zu übergehen, sondern sie sollten insgesammt von ihm bedacht werden, ungeachtet sie ihm wenig Muth eingeflößet hätten: doch wünsche er auch andern evangelischen Christen nützlich zu seyn, weil er das, was er besitze, bloß

B durch

durch offenbaren Beystand Gottes erlangt habe. Welchen Weg er aber erwählen, und wie er es angreiffen solle? das wisse er nicht. Seine jetzige Meynung wäre, jährlich 2, 3 oder 400 Rthlr. mehr oder weniger, zu geistlichen Stiftungen in seinem Vaterlande nach seinem Tode zu lassen. Das berlinische Gymnasium sey zu seiner Zeit in Flor gewesen, und von vielen auswärtigen Landeskindern besucht worden. Solchen jungen ausserhalb Berlin gebornen Leuten, die fromm, tugendhaft, wohlgesittet, fähig, lehrbegierig und fleißig wären, wünsche er fortzuhelfen, sie mögten übrigens studiren was sie wollten. Dadurch hoffe er dem Gymnasio einen Zuwachs, und unbemittelten jungen Leuten Gelegenheit zur Zubereitung auf die Universität, welche in kleinen Städten fehle, zu verschaffen. Die berlinische Jugend, müsse sich ohnedem schon in dem Gymnasio einfinden. Er sey auch nicht abgeneigt, an die Lehrer und derselben Wittwen zu denken. Hätte er ein Vermögen von einer Million, so würde er es für Glückseligkeit achten, dasselbige herzugeben, um der Bedürfniß der genannten Personen auf einmahl abzuhelfen, und in vielen Städten

ten und Dörfern seines Vaterlandes etwas nützliches zu stiften, auch verarmten Familien, alten Männern und Frauen zu helfen, und arme Studenten, die mit bester Hofnung von der Universität zurück gekommen, in den Stand zu setzen, daß sie noch ein paar Jahre entweder in fremde Länder reisen könnten, um daselbst mit gelehrten und rechtschaffenen Leuten umzugehen, oder noch für sich studiren, ohne sogleich Hauslehrer abzugeben. Auf solche Weise wünsche er gute Stützen für die evangelische Kirche zu erziehen, an welchen es gegenwärtig sehr fehle. Allein, was ihm Gott bescheret habe, reiche nicht so weit, er müsse es also dabey bewenden lassen, wenigen, und unter diesen nur den allernothdürftigsten zu helfen. So lange er lebe, mögte wohl kein Zufluß von ihm erfolgen, weil es in Venedig theuer zu leben sey, er schon viel Ausgaben, aber die Handlung ganz aufgegeben, und doch sein Vermögen noch nicht auf Zinsen angelegt habe. Er suche es aber in Deutschland unterzubringen, damit es nach seinem Tode desto näher sey. Es sey schon ein kleines Kapital in Berlin, welches auf Gelegenheit warte, bey der churmärkischen

Landschaft untergebracht zu werden, und eine gleiche Summe habe er hieher bestimmt, welche vertheilt zur ersten Hypothek auf Landgüter ausgethan werden solle. Von den Zinsen wünsche er zu leben, nach seinem Tode aber sollten sie verschiedenen zu gute kommen. So waren seine damaligen Gedanken beschaffen.

Nach vielen Unterhandlungen und Berathschlagungen, welche er mit dem Rector Bodenburg, und mit dem Hofrath und Stadtsyndico Wackenroder anstellte, kam er endlich zu dem festen Entschluß, durch eine Schenkung unter Lebendigen, den Lehrern und Schülern des berlinischen Gymnasii 10000, und den Wittwen der Lehrer 3000 Thaler zu widmen. Beyde Summen waren damals in den Händen des grossen hiesigen Kaufmanns Herrn David Splitgerber, (mit welchem Herr Streit in seiner Jugend vertraute Freundschaft unterhalten hatte,) und sollten bey der churmärkischen Landschaft für fünf Procent Zinsen untergebracht werden, welches auch geschehen ist. Die Schenkungsbriefe über beyde Summen, hat er zu Venedig am 25sten October 1752 eigenhändig ausgefer=

fertiget. Die Direction beyder Stiftungen, übertrug er dem jedesmaligen Probst an der berlinischen Pfarrkirche zu St. Nicolai, und dem jedesmaligen Rector des Gymnasii im grauen Kloster: jener war damals der Oberconsistorialrath Johann Ullrich Christian Köppen, dieser der schon genannte Johann Christoph Bodenburg. Er behielt sich aber auf Lebenslang den Genuß der Zinsen von den geschenkten Summen, und die Mitdisposition über derselben sichere Unterbringung, vor. Er schrieb auf das Künftige folgende Anwendung der jährlichen Zinsen von den zehntausend Thalern vor. Die neun ordentlichen Lehrer des grauen Klosters, sollten jährlich 90 Thaler zu gleichen Theilen: zwey geschickte Männer, welche die Directoren zu Lehrern in der Mathematik, Politik, Rechtsgelehrsamkeit und Latinität erwählen würden, hundert Thaler, nehmlich jeder funfzig, oder auch einer etwas mehr als der andere: zehn arme, tugendhafte und hofnungsvolle Schüler der ersten Klasse, welche nicht aus Berlin, aber doch aus den Königl. Preuß. Landen gebürtig, hundert Thaler, auch zu gleichen Theilen: zwey an=

B 3 dere

dere arme, gute und fähige junge Leute, aus des Königs Landen, (aber nicht aus Berlin,) auf der Universität drey Jahre lang jährlich jeder funfzig Thaler: und ein Consulent und Beystand der Directoren, jährlich zehn Thaler haben. Die einkommenden mehreren Zinsen, sollten entweder zur Vermehrung des Capitals, oder nach dem Gutfinden der Directoren, zum Nutzen der Schüler und des Gymnasii, angewendet werden. Die Zinsen von dem Stiftungscapital der dreytausend Thaler, widmete er den hinterbliebenen Wittwen und Kindern der Lehrer des grauen Klosters, und zwar den letzten bis in' das funfzehnte Jahr. Beyde Stiftungen wurden von den Directoren gerichtlich angenommen, und von dem Magistrat der hiesigen königlichen Residenzstädte bestätiget.

Als diese Stiftungen gemacht waren, welche gleich nach seinem Tode genossen werden sollen, gab er zu verstehen, daß er noch andere im Sinn habe, und wegen der Ungewißheit des Lebens gern bald ausführen mögte, er erklärte sich aber erst 1754 daß sie auch dem berlinischen Gymnasio zugedacht

dacht wären. Er gieng dabey mit furchtsamer und mißtrauischer Bedenklichkeit zu Werke, und weil die Landesgesetze verordnen, daß einem pio corpori nicht mehr als 500 Thaler vermacht werden sollen, so verlangte er erst, und erhielt auch unterm 27sten Julii 1754, von dem **Großkanzler von Cocceji** (welcher dieser Sache wegen ausdrücklich bey dem König anfragte) die eigenhändige Versicherung, „daß er ohne das „geringste Bedenken zum faveur der hiesi„gen piorum corporum disponiren könne, „weil das Edict keinesweges auf Fremde ge„he, welche von ihrem auswärtigen Vermö„gen den piis corporibus etwas verma„chen.„ Ein Brief den er am 22. October 1755 an den Hofrath und Stadtsyndicus Wackenroder geschrieben hat, enthält eine überaus schöne Stelle, welche hieher gesetzt zu werden verdienet. „Ich danke „zwar für ihre so gütige Danksagung, Na„mens derjenigen, denen durch mich einst „Gutes geschehen wird; es ist aber doch „solches (solchen Dank zu empfangen,) gar „nicht nach meiner Denkungsart. Mein „sehr geringer Anfang in der Handlung, die „beständige Furchtsamkeit und Behutsam-

„keit

„keit in einer so gefährlichen Handthierung, „die Menge der Feinde, das ziemlich schwa= „che Gehör und Gedächtniß, und eine „kränkliche Leibesbeschaffenheit bis in etli= „che und funfzig Jahre, haben mich genug „überzeuget, daß Gott allein mir helfen „wollen. Ich gebe ihm also in seinen Glie= „dern pflichtmäßig wieder zurück, was Sein, „und nicht mein ist. Er wolle das ge= „wiß mit größter Sorge und Kummer von „mir erworbene, beständig erhalten und „segnen, damit sein Name auf ewig gelo= „bet, und der Dank gegen ihn ersetzet wer= „de, den meine Unart leider nur gar zu oft „vergessen hat, so daß gewiß äußerst zu „bewundern ist, daß der große Jehovah „mich recht elende Creatur hat so hoch be= „glückseligen wollen, andern, die viel ge= „schickter, und unsäglich würdiger sind, gu= „tes thun zu können, wofür sein großer „Name ewig gelobt sey." Nachdem er nun mancherley Vorschläge gethan und em= pfangen, nach allen Umständen sich genau erkundigt, und alle Entwürfe sehr wohl überlegt und durchgearbeitet, auch schon dem grauen Kloster 1757 und 58 einige hundert Bücher, zu welchen 1763 noch

meh=

mehrere gekommen sind*), und eine Anzahl schöner Gemälde**), die er selbst auf 802 Species Ducaten geschätzt, übersandt hatte, erfolgte endlich 1760 am ersten October seine dritte Schenkung unter Lebendigen, welche seine Hauptstiftung für das berlinische Gymnasium ist und genennet wird. Sie bestehet in funfzig tausend Thalern, welche er mit solcher Kunst eingetheilet, und zum Anwachs und Gebrauch bestimmt hat, daß es nicht leicht ist, sich einen deutlichen Begrif davon zu machen. Er theilet sie ein

in dreyßig tausend Thaler, welche durch die Zinsen zu einem Capital von 50000 Thalern anwachsen sollen:

in sechszehn tausend Thaler, welche durch die Zinsen 20000 und 6000 also 26000 Thaler werden sollen:

in vier tausend Thaler, welche er damals zu Legaten für einige seiner An-

---

*) Sie sind insgesamt nützlich, auch guten Theils erheblich, als Car. du Fresne Glossarium, die venedigter Ausgabe in 6 Follanten vom Jahr 1736, die Geschichtschreiber der Republik Venedig, Sabellico, Bembe, Morosini, Gratianus, u. a. m.

**) Die vornehmsten derselben, habe ich in der Sammlung aller Schriften, welche bey der zweyten hundertjährigen Jubelfeyer des berlinischen Gymnasii geschrieben worden, genannt. Abtheil. II. S. 109. 110. Unten im Anhang, folget ein vollständiges Verzeichniß derselben.

verwandten bestimmte, nach deren Tode sie dem Gymnasio zufallen sollten; dieses aber nachher dahin änderte, daß seine Verwandten nichts davon genießen sollten.

Er behielt sich aber auch von diesen funfzig tausend Thalern die Zinsen auf seine Lebenszeit vor, so daß das Capital erst nach seinem Tode durch die Zinsen bis zu der angeführten Summe von 86000 Thalern anwachsen, und diese alsdann nach seiner Vorschrift gebraucht werden sollte.

Von den alsdann entstandenen 56000 Thalern, sollen genommen werden,

erstlich, 40000 Thaler, um ein beständiges Capital zu seyn, welches jährlich 2000 Thaler Zinsen einbringt, von welchen der Probst zu St. Nicolai, die Lehrer des grauen Klosters, der Bibliothekar, der Consulent der Stiftung, ein Arzt, und der Currendeführer, bestimmten Gehalt haben, ein freyer Tisch und eine Communität für arme Schüler unterhalten werden, und der Bibliothek zu ihrer Vermehrung etwas zufließen soll:

zweytens, 16000 Thaler, welche auf einmahl für neue Gebäude, Geräthschaften für die Communität, Bücher und Instrumente angewendet werden sollen.

Von den 20000 Thalern, fallen jährlich tausend Thaler Zinsen, welche größtentheils den 9 Lehrern des grauen Klosters, und außer denselben noch dreyen Sprachmeistern, nemlich einem französischen, einem italienischen, und einem englischen zu Theil werden sollen.

Die erwähnten 6000 Thaler, und nach dem Tode seiner namentlich genannten Verwandten, die 4000 Thaler, von welchen er ihnen damals Legate bestimmte, sollen zur Errichtung einer Sparkasse angewendet werden, für welche, wenn er bey seinen Lebzeiten dem Gymnasio noch zehn tausend Thaler geschenket haben wird, noch 2000 Thaler gesammlet werden sollen, damit sie aus 12000 Thalern bestehet, wiewohl sie durch die ersparten kleinen Posten noch mehr anwachsen kann. Die Zinsen von dem Capital dieser Sparkasse, haben auch ihre Bestimmung für Lehrer und zu andern Ausgaben, erhalten.

In

In dem erſten, zweyten und dritten Anhang zu ſeiner Stiftung, von welchen hernach die Rede ſeyn wird, verordnete er, daß von den Zinſen der geſchenkten Capitalien, noch geſammlet werden ſollten, theils ein Capital von 10000 Thalern, welches alsdann wieder durch ſeine Zinſen zu 25000 Thalern ſteigen ſolle, um von den Zinſen der letztern Summe den Abgang anderer Zinſen zu erſetzen, theils eines von 12000 Thalern, um von den Zinſen deſſelben den vier erſten Lehrern des grauen Kloſters noch eine Zulage, und der Sparkaſſe noch einen Zufluß zu verſchaffen.

Man erſiehet aus dieſer Nachricht, daß ſeine Hauptſtiftung, wenn alles, was er von derſelben beſtritten haben will, geleiſtet werden ſoll, 125000 Thaler erfordert, und daß Herr Streit mit derſelben nicht auf die nächſte, ſondern auf die künftige Zeit, nicht auf ein ſchon vorhandenes, ſondern auf ein nachfolgendes Menſchengeſchlecht geſehen hat. Er hat zwar, weil dieſe Hauptſtiftung zur jährlichen Ausgabe ein beſtändig angelegtes Capital von 65000 Thalern erfordert, am 15ten April 1766 noch 15000 Thaler angewieſen, um gedachte Summe

Summe voll zu machen, auch am 21sten May 1767 die auf voriger Seite erwähnten 10000 Thaler, welche wieder durch die Zinsen ein Capital von 25000 Thaler werden sollen: allein die letzte Anweisung hat nichts geholfen, weil der Kaufmann Werstler, an den sie gerichtet war, vor der Zahlung Bankerot machte, und das Gymnasium überhaupt, nach Herrn Streits Rechnung in seinem dritten Anhang, über 27000 Thaler durch ihn verlor: es sind auch während des letzten Krieges an dem eingekommenen schlechten Gelde 15530 Thaler verloren gegangen. Der letzte Verlust war unvermeidlich, der erste aber wurde durch das große Vertrauen veranlasset, welches Herr Streit in den Kaufmann Werstler setzte, den er zum Mitdirector und Rendanten seiner Stiftung machte, vielleicht, weil Herr Rector Bodenburg ihn ehedessen in seinen Briefen als seinen vertrauten Freund beschrieben hatte. Jetzt ist die Hauptstiftung erst wieder so weit, daß die Summe der 125000 Thaler welche sie haben muß, am Ende des 1784sten Jahrs vorhanden seyn kann, wenn bis dahin die Gelder ohne unfruchtbar still zu liegen, immer

mer für fünf Procent Zinsen sicher untergebracht werden können.

Er hat seiner Hauptstiftung nach und nach noch vier Anhänge beygefüget, welche am 26sten May 1763, am 12ten October 1765, am 15ten Jun. 1769, und am 16ten April 1771 geschrieben, auch eben so, wie die Hauptstiftung von dem Königl. Oberconsistorio und Kammergericht bestätiget ist. Er hat auch durch diese Hauptstiftung und derselben Anhänge, ein Directorium über seine gesammten Stiftungen errichtet, welches aus drey geistlichen und drey weltlichen Mitgliedern bestehen soll. Jene, sind allezeit der Probst zu St. Nicolai, und die beyden ersten Lehrer des Gymnasii: diese, ein paar Räthe aus den hiesigen hohen Collegien, insonderheit aus dem Oberconsistorio, und ein Kaufmann. Diese Directores sollen den Stiftungen einzig und allein vorstehen, und in solcher Direction von niemand gehindert und gestöret werden. Der zugleich verordnete Consulent, hat keine Stimme in Directionssachen.

Herr Streit hat durch seine Stiftungen noch mehr für die Jugend, welche in dem grauen Kloster unterrichtet wird, als für

für die Lehrer derselben gesorget. Diesen, insonderheit den beyden ersten, hat er, mit den ihnen bestimmten Einkünften, auch viel Last, und den vier ersten noch dieses auferlegt, daß der Rector allezeit Doctor der Theologie, und die drey folgenden allemahl Magistri auf gesetzmäßige Weise geworden seyn sollen. Hingegen hat er für junge Leute freyen Unterricht in Sprachen und Disciplinen, und wie aus dem obigen erhellet, für einen Theil derselben auch freye Wohnung und Speisung, ja auch Stipendia, verordnet. Der freye Unterricht kommt den Berlinern am meisten zu Nutz, hingegen die Wohlthat des Freytisches, soll keinem Berliner, sondern andern königlichen Unterthanen wiederfahren; doch hat er in dem fünften Artikel des ersten Anhangs gerathen, wenn die Sparkasse einen Ueberschuß habe, von demselben einen oder zwey Berliner von außerordentlicher Fähigkeit und Neigung zum Studiren, nicht nur auf der Schule und Universität bestens unterrichten zu lassen, sondern auch während dieser Zeit in allen Stücken zu versorgen, um vorzügliche Gelehrte aus denselben zu ziehen, damit man, wenn es möglich, auch einmahl

sagen

sagen könne, dieser oder jener berühmte Ge=
lehrte sey ein geborner Berliner *).

*) Die zahlreichen Gelehrten welche geborne Berliner
sind, wollen diese Stelle ihrem verstorbenen würdi=
gen Landesmann zu Gute halten. Er war kein
Gelehrter, und wuste also auch nicht, daß und wie
viel Berliner berühmte Gelehrte vor und zu seiner
Zeit, und ohne seine Hülfe geworden sind. Die Re=
de ist nicht von allen Berlinern, welche durch ihre
Gelehrsamkeit zu Aemtern geschickt geworden und ge=
langet sind, sondern von solchen, die sich durch ge=
lehrte Schriften der Welt bekannt gemacht haben.
Die Anzahl derselben ist nicht klein, es sind auch
Lehrer und Schüler des grauen Klosters unter densel=
ben. Zu den verstorbenen gehören, Alex. Gottl.
Baumgarten, Georg. Conr. Berg, Joachim
Betke, Joh. Blankenfeld, Joh. Brunnemann,
Friedr. Rud. Carl Freyherr von Caniz, Joh.
Friedr. Cassebohm, Joh. Crüger, Christian
Distelmeier, Joh. Dan. Gohl, A. N. Gri=
schow, Georg Gutke, Mich. Hasslob, Joh.
Gust. Wilh. Hesse, Wilh. Hilden, Christoph
und Fr. Wilh. Horch, Matthäus Hostus,
Abraham Humbert, Paul Ernst Jablonsky,
Phil. Jos. Pandin von Jariges, Carl Steph.
Jordan, Joh. Nathan. Lieberkühn, Caspar
von Lilien, Caspar Marche, Albr. Friedr.
Mellemann, Cäsar de Mißy, Gottl. Sam.
Nicolai, Georg Nößler, Nic. Pascha, Ernst
Pfuel, Ernst Martin Platte, Joh. Moritz
Polz, Joach. Just Rau, Joh. Friedr. Rein=
hard, Georg Ludewig Rolof, Andr. Erasm.
von Seidel, Mart. Friedr. von Seidel, Friedr.
Wilh. Stosch, Joh. Peter Süßmilch, Joach.
Tydichius, Iren. Vehr, Barthol. Zorn.
Zu den jetzt hier und an anderen Orten lebenden
und durch Schriften berühmten Berlinern, gehören,

Franz

So, wie er sich in seiner Hauptstiftung, und in derselben Anhängen, in sehr genaue Entwürfe eingelassen, also hat er auch Vorschläge zu einem Feyertage zum Gedächtniß der verstorbenen Wohlthäter des Gymnasii gethan, an welchem eine von den italienischen Lobreden auf die Republik Venedig, die er hat verfertigen lassen, gehalten werden soll, er hat auch von dem künftigen Bau, welcher auf seine Kosten in dem Kloster vorgenommen werden soll, seine Meynung umständlich eröfnet. Es ist zwar nicht zu läug-

Franz Carl Achard, Heinrich Christian von Ammon, Ludewig von Beausobre, Friedrich Ehrenreich Behmer, Johann Stephan Bernard, Paul Jer. Bitaubé, Joh. Samuel Diterich, Otto Ludewig von Eichmann, Joh. Peter Ermann, Joh. Heinr. Samuel Formey, Friedr. Hennert, Carl Franz von Irwing, Joh. Georg Krünitz, Andr. Sigism. Marggraf, Joh. Carl Wilh. Moehsen, Friedr. Herm. Ludwig Mutzel, Friedr. Nicolai, Joh. Carl Conr. Oelrichs, welcher nach seiner weitläuftigen litterarischen Kenntniß, und großen Dienstfertigkeit, mir zu diesen Verzeichnissen behülflich gewesen ist, Aug. Friedr. Pallas, Peter Simon Pallas, Joh. Albr. Philippi, Friedr. Gabriel Resewitz, Friedr. Wilh. Riedt, Ernst Aug. Schulze, Christ. Ernst Simonetti, Gottl. Phil Jac. Troschel, Jac. El. Troschel, Casp. Friedr. Wolf, Joh. Friedr. Zückert.

läugnen, daß ein guter Theil seiner Verordnungen und Vorschläge in seinen Stiftungs- und übrigen Papieren, besser gemeynet, als getroffen, auch schon jetzt nicht recht passend sey, und künftig, wenn die Summe seiner Hauptstiftung gesammlet seyn, und durch ihre Zinsen wird genutzet werden, noch weniger passen werde: allein der Hauptzweck seiner Stiftungen ist doch sehr nützlich, wichtig und preißwürdig, und verdienet auch die Nachahmung, welche er gewünscht und gehoft hat. Wenn das graue Kloster zum Genuß seiner Hauptstiftung kommt, wird es hoffentlich nicht unterlassen, seine Dankbarkeit und Hochachtung gegen diesen ehrwürdigen Wohlthäter, mit einer Feyerlichkeit zu zeigen, welche der Größe seiner milden Güte gemäß ist.

Ich komme zu seinem Lebenslauf zurück. Er beschloß sein kaufmännisches Gewerbe mit dem 1749sten Jahr, doch blieb er bis an das Ende seines Lebens auf gewisse Weise ein Theilnehmer an der Handlung des berühmten Wagnerischen Handelshauses zu Venedig. Anfänglich hielt er sich jährlich in den acht ersten Monaten zu Padua, und in den übrigen vier Monaten zu Venedig auf.

Als er aber 1754 von einer Krankheit genas, begab er sich von Venedig ganz nach Padua, von dannen er im Mårz 1755 schrieb, daß die dasige gute Luft viel zu seiner Stärkung beytrage, daher er nun an der Bestellung seines Hauses desto ernstlicher arbeiten wolle: welches gerade die gegenseitige Denkungsart von der gewöhnlichen ist, nach welcher man die Bestellung seines Hauses vergißet, so bald man wieder gesund geworden. Er hatte schon seit einigen Jahren zu seiner Gesellschaft einen Candidaten, Namens Hoffmann, angenommen, mit welchem er sechs Jahre lang recht vergnügt lebte. Daher gieng es ihm sehr nahe, als er diesen guten Mann im Maymonat des 1756sten Jahres verlohr. Er schrieb gleich darauf hieher: „So lange ich bey meiner „jetzigen Gesundheit, Leibes= und Gemüths= „kraft bleibe, hat es gar keine Noth, allein „ich muß doch an neue Krankheit, und an „den Tod gedenken, in welchem Zustande „mir eine treue Seele von der evangelischen „Religion unentbehrlich ist.„ Also bat er einige seiner Correspondenten, ihm einen andern gelehrten und guten Mann vorzuschlagen, dergleichen er auch an einem, der

ihm von Augsburg aus empfolen wurde, und sich zu Leipzig aufhielt, zu bekommen meynete, aber nicht fand, daher er ihn bald wieder gehen ließ, und 1763 schrieb, „er "habe seit einigen Jahren keinen Studenten "mehr, verlange auch keinen wieder„ In allen seinen Briefen, bezeigte er sich als einen großen Eiferer für die evangelische Kirche, und war sehr bekümmert, ob auch in seiner Geburtstadt noch practisches Christenthum sey? weil man ihm das Gegentheil versichert hatte. Sein Gehör wurde immer schwächer, das Gesicht aber blieb, ungeachtet der hohen Jahre welche er erreichte, noch immer gut, bis es im 1775sten Jahre auch so schwach ward, daß man in seinem weitläuftigen letzten Briefe, den er im Maymonat an das Directorium seiner Stiftung schrieb, nicht alles lesen konnte, da sonst seine Hand sehr leserlich war. Am ersten Jun. 1775, machte er sein letztes Testament, durch welches er alle seine vorhergehenden testamentlichen Verfügungen aufhob, und dessen Vollziehung er den berühmten deutschen Kaufleuten zu Venedig, Herrn Amad. Schwayer, und Herrn Hieronymus Wagner, auftrug, welchen er für diese
Müh-

Mühwaltung theils etwas Geld, theils sein Silbergeschirr vermachte. In diesem Testament, bestätigte er nicht nur seine Berlinischen Stiftungen, sondern verordnete auch, daß das graue Kloster das wenige, was er nach Abzug sowohl der Legaten, als der Begräbnißkosten, hinterlassen werde, auch erben solle. Da er, ungeachtet seiner vieljährigen Wohnung zu Padua, ein treues Mitglied der evangelisch-lutherischen Kirche blieb, aber sonst niemand als seine römisch-katholischen Domestiken um und bey sich hatte, so verhütete er mit großer Klugheit, daß diese in seiner tödlichen Schwachheit nicht katholische Geistliche rufen ließen, welche nach seinem Tode vorgäben, er sey zu ihrer Kirche übergetreten. Er brachte nemlich in sein Testament folgende Stelle: „Ich „bin geboren und habe beständig gelebet in „der evangelisch-lutherischen Religion, wie „es denen, welche mich kennen, bewust ist; „und in dieser Religion bin ich gesonnen, „will es, und erkläre es fest, durch völlige „Ueberzeugung und Eifer gedrungen, bis „zum letzten Hauch meines Lebens beharren. „Mein Diener Johann Neri, ist von dieser „meiner innbrünstigen Entschließung durch „mich)

„mich und andere würdige Personen, sehr oft
„unterrichtet, und aufs eifrigste ermahnet
„worden, daß er mir in dieser wichtigen Sa-
„che, auf welche ich mich völlig verlaße, ge-
„treu seyn solle, und ich bin gewiß, daß er
„mich nicht hintergehen wird. Sollte aber
„wider alle meine Erwartung verlauten, daß
„ich die Religion verändert, und die evange-
„lisch-lutherische verlaßen hätte, so erkläre ich
„in diesem Fall, daß der Neri alles dessen,
„was ich ihm in diesem Testament ver-
„macht habe, (dreyhundert Current Duca-
„ten, und alles Hausgeräthe,) verlustig ge-
„hen soll.„ Er entschlief nach einer kurzen
Krankheit, in der Nacht vom 19ten auf den
20sten December 1775, und sein Leichnam
wurde am 22sten Dec. nach Venedig abge-
führt, um auf der nahe gelegenen Insel St.
Christoph, und auf dem dasigen Kirchhof
der protestantischen Deutschen, begraben zu
werden, wie er in seinem letzten Testament
verordnet hatte.

Herr Streit gehöret ohne Wiederrede
zu den Personen, welche nicht nur von ihren Zeitgenossen, sondern auch von der
Nachwelt geachtet zu werden verdienen. Es
hat in allen europäischen Staaten und großen

ßen Handelsstädten, und auch zu Berlin, ansehnliche und reiche Kaufleute gegeben, welche sehr klein angefangen haben: allein selten wenden solche Kaufleute, oder andere reich gewordene Personen, ihr erworbenes Vermögen zum gemeinen Nutzen so gut an, als Herr Streit, der eben deswegen zu den Wohlthätern des menschlichen Geschlechts gezählet werden muß. Diesen Titul kann man Personen welche ihr Vermögen öffentlichen Schul- und Erziehungs-Anstalten widmen, mit Fug und Recht beylegen, und man muß sie in allen Staaten desto höher schätzen, je weniger wirkliche Hülfe heutiges Tages die Schulen von den Regierungen der Staaten zu erwarten haben, als die wegen der kostbaren Kriegesverfassung, in welcher sie beständig seyn müssen und wollen, an die Schulen wenig oder gar nichts verwenden können. Herr Streit schrieb 1767 an mich, daß er noch andere ansehnliche Stiftungen zur Ausbreitung der Kirche Gottes in andern Ländern, gemacht habe, von deren Zinsen er lebe. Mir ist weiter nichts davon bekannt geworden, es kommt auch in seinem letzten Testament nichts davon vor, sondern dieses gedenket
nur

nur seiner Stiftungen für das Gymnasium im grauen Kloster zu Berlin, und bestätiget dieselben.

Herr Streit hat in seinem Gewerbe, in seinen Briefen, und in seinen Stiftungen, einen richtigen und gründlichen Verstand gezeiget. Seine Briefe sind zwar nicht durchgehends grammaticalisch richtig, es kommen auch in denselben harte und unangenehme Stellen vor, weil er je älter, je mißtrauischer und mürrischer wurde: ich habe sie aber doch wegen des Verstandes und der patriotischen Gesinnung welche aus denselben hervorleuchten, mit Vergnügen gelesen. Zu den vielen Stellen die mich belustiget haben, gehöret auch die folgende.

Ein gewisser frommer Mann vom Orden der Gelehrten, schrieb ihm 1756 zu seiner Beruhigung, daß in Berlin, und überhaupt in den hiesigen Landen, zwar viel Ruchlosigkeit, aber doch noch viel thätiges Christenthum, unter hohen und niedern Personen, zu finden sey, und mischte in diese Erzählung eine Anmerkung über seinen Sohn ein. Herr Streit antwortete am 14ten September: „Nehmen sie nicht „übel, daß es mich gewundert, bey dieser
„Gele-

„Gelegenheit ihren Sohn angebracht zu se-
„hen. Daß ein Bursch bey Nacht einmal
„weinet, vielleicht weil ihm das Studiren
„sauer wird, ist noch kein Zeichen seiner
„Frömmigkeit, und daß ihn das im
„Schwange gehende gottlose Leben kränket.
„Ich hoffe, es werden noch viel junge Leute
„alldort vorhanden seyn, welche in wahrer
„Furcht Gottes leben. Es wäre erschreck-
„lich, wenn man fürchten müste, daß bey
„dem zarten Kinde eines so großen Lehrers
„schon ein Ansatz der Freygeisterey sey.
„Gott behüte ihn dafür, und mache ihn der-
„einst zu einer Stütze unserer heiligen Reli-
„gion, daran es itzt ziemlich fehlet. Ich
„hoffe, an ihrem jungen Menschen werde
„nicht wahr werden, daß der Geistlichen
„Herren Kinder gemeiniglich am schlechtesten
„pflegen erzogen zu werden, und daß es den
„Kindern zum größten Unglück gereiche,
„wenn die Eltern denselben ihre Zärtlichkeit
„nicht zu verbergen wissen.„

Ich darf gewiß glauben, daß alle bis-
her angeführte eigene Worte dieses vernünf-
tigen Kaufmanns, die Leser derselben nach
mehreren Stellen aus seinen Papieren
begie-

begierig gemacht haben, und deswegen will ich noch einige hieher setzen.

„Die herrliche lateinische Sprache, kommt „leider unter uns sehr in Verfall, und viele „Studenten können nicht einmal den Pro„fessor wenn er lateinisch redet, verstehen. „Das werfen uns die Katholiken vor, und „sehen die Wolfischen Werke wegen des „schlechten Lateins nicht so an, als sie es „verdienen.„

„Man kann weder früh genug anfangen, „noch ämsig genug fortfahren, ernstlich und „gründlich zu denken, und in seinem Thun „sich zu gewöhnen, mit Verstand zu verfah„ren, nicht aber nach Caprice: sonst bleibt „man lebenslang ein Thor, mit dem nichts „anzufangen ist.„

„Es ist auch höchst nöthig, daß man „bey Zeiten anfange die Menschen zu stu„diren. Mit ordentlichen und rechtdenken„den Leuten kommt man leicht aus, allein „es hält sehr schwer, mit eigensinnigen, un„ordentlichen, wankelmüthigen und unver„ständigen Menschen Umgang zu haben, und „doch muß es seyn: es ist auch nicht unmög„lich, wenn man nur die Stärke und „Schwäche der Menschen eingesehen hat.„

„Es

„Es ist ein gutes Zeichen, wenn ein jun-
„ger Mensch bey gutem Herzen ein munte-
„res fröliches Gemüth hat: es wird ihm
„alle Arbeit leicht. Ein Träumer aber fällt
„sich und andern zur Last, und kommt nicht
„fort in der Welt.„

„Zur Beförderung wahrer und gründ-
„licher Gelehrsamkeit, ist nichts dienlicher,
„als Ehrentitel und gute Besoldung für die
„Lehrer der Jugend. Auch die ehrliebende
„Jugend wird dadurch angefeuert, den äu-
„ßersten Fleiß im Studiren anzuwenden,
„um dereinst zu solchen ansehnlichen und
„vortheilhaften Bedienungen zu gelangen.„

Ich habe weiter nichts gethan, als den
Lesern dieser Schrift die Geschichte dieses
Mannes, so weit sie mir bekannt ist, erzählet, den Geist und die Gesinnung desselben
durch Stellen aus seinen schriftlichen Aufsä-
tzen gezeiget, und seine wohlthätigen Stiftungen für die Lehrer und Schüler des
Gymnasii im grauen Kloster, beschrieben.
Alles dieses ist ohne rednerischen Schmuck
geschehen, dessen auch die Lebensbeschreibung eines solchen Mannes ganz und gar
nicht bedarf. Was aber ohne Kunst von
ihm angeführet worden, ist vollkommen
hin-

hinlänglich, um ihn einem jeden Leser dieser Schrift zur Hochachtung zu empfehlen. Doch Bewunderer wird er wohl haben: mögten nur viele unter denselben seine Nachfolger werden!

Anhang
von den Gemälden,
welche Herr Streit
dem grauen Kloster geschenket hat.

1. La gloria di Venezia. Die Herrlichkeit der Republik Venedig. Ein kleines eyrundes Gemälde, welches über dem folgenden stehet. Aus dem Meer raget ein gemauerter Pfeiler hervor, auf welchem zwey Löwen sitzen, ein grimmiger und ein sanfter: jener zeiget sich heftig, und erdrückt ein Ungeheuer, dieser, welcher geflügelt ist, hat einen seiner vordern Füße auf ein Horn des Ueberflusses gesetzt, und in dem zweyten hält er ein Buch mit der Innschrift, pax tibi Marce evangelista meus. Dieser ist das Wappen der Republik Venedig. Zwischen beyden Löwen sitzet ein köstlich geschmücktes Frauenzimmer, in venediger Tracht; mit dem fürstlichen kostbaren Horn auf dem Kopf,

wel-

welches in der rechten Hand den Zepter, in der linken einen Perpendikel hält. Ueber demselben erblickt man einen hellen Stern, dessen Einfluß auf diese Person merklich gemacht worden. Auf dem Meer stehet man ein Kauffarthey-Schiff, welches auf diese allegorische Person zusegelt, und auf der andern Seite ein Kriegesschiff.

2. La Sala del maggior consiglio, der Saal des großen Raths, in dem herzoglichen Pallast zu Venedig. Das größeste Gemälde unter allen, welches diesen prächtigen Saal, so wie er zur Zeit der Versammlung des großen Raths sich zeiget, vortreflich perspectivisch vorstellt. Ueber demselben stehet das Gemälde Num. 1.

3. Il Giovedi grasso. Die Lustbarkeit am Donnerstag vor Aschermittewochen, welche auf dem Markusplatze angestellet werden, unter denen der Mann, welcher sich an ein m steif gespannten Seil von dem Markusthurm herab läst, und dem Doge einen Blumenstrauß überreicht, nebst der Forza d'Ercole, oder dem Thurm von Menschen, die auf einander stehen, am meisten in die Augen fallen.

4. La processione del corpus domini. Der feyerliche Umgang am Frohnleichnahmstage auf dem Markusplatz zu Venedig. Ein großes Gemälde.

5. La Partenza del Doge a Lido. Die Abfahrt des Doge in dem prächtigen Schiff Bucentoro oder Buciutoro, welche am Himmelsfahrts-

fahrtstage nach Lido zur Vermälung mit dem Meer angestellt wird. Ein großes Gemälde.

6. Il Doge nel Pozzetto. Der Doge wird aus der Markus-Kirche, in welcher er den Eid abgeleget hat, in einem Gerüst Pozzo oder Pozzetto genannt, auf dem Markusplatz herum, und nach dem herzoglichen Pallast getragen, und läßt unterwegs Geld unter das Volk werfen. Ein großes Gemälde.

7. La regatta. Das Wettrennen in Böten, welches bisweilen zum Vergnügen fremder hoher Fürsten angestellet wird. Ein großes Gemälde.

8. Prospetto sopra il canale grande. Aussicht über den großen Kanal. Ein vortrefliches perspectivisches Gemälde, von dem berühmten *Antonio Canaletto.*

9. Rialto. Die Börse zu Venedig, dahin man von il ponte (di) Rialto kommt, welche Brücke man aber zur linken Hand nicht erblickt. Auch von *Antonio Canaletto* schön gemahlt.

10. La vigilia di Santo Pietro. Der Abend vor St. Peters Tage, und

11. La vigilia della Santa Marta, Der Abend vor dem Tage der heiligen Martha, zwey große und sehr schöne Nachtstücke von *Ant. Canaletto.*

12. Der große Markusplatz zu Venedig. Von dem Mahler Richter, einem Schweden.

13. Der kleine Markusplatz. Von eben demselben. Beyde Gemälde sind von mittlerer Größe.

14. Loth mit seinen beyden Töchtern.

15. Susanna. Drey Figuren.

16. Bathseba. Drey große Figuren.
17. Abrahams Aufopferung Isaacs. Diese 4 schöne Gemälde, sind groß, und von *Amiconi* gemahlet.
18. Salomo betet ein Gößenbild an. Zehn Figuren und drey Köpfe in der Ferne. Von dem Mahler *Amiconi.*
19. Die Rebecca beym Brunnen. Fünf größere Figuren, und zwey kleinere, von eben demselben.
20. Ahasverus und Esther. Sechs Figuren von welchen 3 entfernet sind. Auch von demselben.
21. Jupiter entführet in der Gestalt eines Stiers die Europa. Fünf Figuren, drey entfernet. Auch von demselben.
22. Paulus auf dem Wege nach Damascus. Fünf Figuren und vier Pferde. Auch von demselben. Insgesamt nur von mittlerer Größe.
23=26. Vier allegorische Gemälde, genannt Templum gloriæ, (der Tempel der Ehren,) Educatio, (die Erziehung), Cognitio, (die Erkenntniß) und Operatio perfecta, (die vollkommene Kunst.) Alle vier von dem berühmten *Nogari*.
27. Die Geburt des Bacchus. Von *Amiconi*.
28. 29. Zwey Landschaften, von dem Mahler *Zuccarelli*.
30. Ein kleineres Gemälde, welches einen Wald vorstellet. Von einem Ungenannten.
31. 32. Zwey auf Holz gemahlte Waldstücke. Von einem flandrischen Mahler.

33. Die

33. Die Muse. Ein vortrefliches und sehr schätzbares Gemälde, welches eine halbe Figur ist. Es ist von einem alten großen Meister gemahlt.
34. 35. Eine alte Frau mit einer Brille in der Hand, und ein Holländer mit einer Tabackspfeiffe in einer, und einem Beutel in der andern Hand. Zwey schöne halbe Figuren von *Nogari*.
36. Ein alter Mann, und
37. Eine alte Frau, zwey Köpfe, von dem Mahler Ströbel.
38. König Friedr. Wilhelm v. Preußen, imgl.
39. König Friedrich der II. v. Preußen, und
40. Desselben Gemahlinn. Sind in Berlin gemahlt, und keine Meisterstücke.
41. Herrn Streits Bildniß, als er 30 Jahre alt war, gemahlt von einem Schweden.
42. Eben desselben Bildniß, als er 45 Jahre alt war, von Ströbel.
43. Eben desselben Bildniß, als er 52 Jahre alt war, von *Amiconi*.
44. Eben desselben Bildniß, als er 72 Jahre alt war. Ist ihm ähnlich.
45-47. Desselben Vater, Mutter und Schwester.

Fast alle diese Gemälde haben schöne vergoldete Rahmen. Herr Streit selbst hat dieselben auf 802 holländische Ducaten geschätzet. Sie sind jetzt in drey Zimmern, und zwar in einer andern Ordnung als die obige ist, aufgehangen. Künftig soll eine Gallerie für dieselben erbaut werden, und alsdann werden sie besser als jetzt geordnet werden können.